AF371235

CATALOGUE

DES

PLANCHES D'ÉTAIN GRAVÉES,

DÉPENDANT DU FONDS

De Marchand de Musique de M. M***

Dont la vente aura lieu, avec la propriété des Ouvrages gravés,

APRÈS FAILLITE ET CONCORDAT,

Par le ministère de M⸰ SAUVAN, Commissaire-Priseur,
à Paris, rue de la Michodière, 12,

Les Jeudi 14 et Vendredi 15 Mars 1844,

A MIDI,

Place de la Bourse, 2,

HOTEL DES VENTES, SALLE N° 3.

Ces Ouvrages sont principalement des Compositeurs ci-après :
Herz, Hunten, Tulou, Wolff, Daucla, Verroust, Leduc,
Vieux-Temps, Dolher, Bethowen, Schiltz, Lacout,
Masset, Musard, Dufresne, Kalkbrenner,
Dreyschock, Donizetti, etc., etc., etc.

AU COMPTANT.

Cinq pour cent en sus des enchères.

LE PRÉSENT CATALOGUE SE DISTRIBUE CHEZ LEDIT M⸰ SAUVAN

1844.

AVIS.

Il sera vendu au commencement de chaque vacation, et par Lots, une quantité d'autres Planches d'étain, aussi gravées, et qu'on n'a pas cru devoir cataloguer. On vendra ensuite par Lots, en commençant, de la Musique imprimée pour divers instrumens, et principalement pour piano, de nos premiers compositeurs.

ÇATALOGUE.

			Opéra.	Symph.
21	SCHILTZ. Fantaisies pour cornet seul, n. 1.		13	
	Id. Fantaisies pour cornet seul, n. 2.		12	
			—	
			25	
22	LEDUC. Opéra 61 à quatre mains.		11	
	Id. Opéra 62, fantaisie à quatre mains.		11	
			—	
			22	
23	BRUGLIÈRE. Tu ne sais pas. Piano.		2	
	Id. Tu ne sais pas. Guit.			1
			—	—
			2	1
24	DUFRÈNE Gais Loisirs. Piano.		9	
25	MUSARD. Quadrille, Vive la Danse. Piano.		9	
	MUSARD. Vive la Danse.	2 viol.	5	
	Id. Id.	2 flût.	5	
	Id. Id.	2 flag.	5	
	Id. Id.	2 corn	5	
	Id. Id.	quad.		8
			—	—
			29	8
26	LEDUC. Mes Délices, valses.		10	
27	COTTIGNIES. Opéra 52, études. Flûte.		1	12

Opéra. Symph.

28   GRISAR. Le Fantôme de la Forêt.   2
      Id.   n. 3. Suisse. Piano.   2
      Id.   n. 6. Suisse. Piano.   2
      Id.   n. 1. Suisse. Id.   3
                                      ___
                                       9

29   DONIZETTI. Noé. Piano.   13
      Cette composition est pour voix de
      basse-taille, et est supérieurement
      éditée. Il y a une belle lithographie.
30   LACOUT. Six caprices. Piano.   10
      Id.   Deux rondes. Piano.   11
                                      ___
                                       21

31   MUSARD. Quadrille. Piano. Bon-
      ne Année.   10
      Quadrille. Bonne Année. Quint.   8
          Id.   Id.   2 flûtes.   5
          Id.   Id.   2 flageol   5
          Id.   Id.   2 corn.   5
                                      ___
                                       38

      MUSARD GYMBROW. Qua-
      drille. Piano.   10
32   GYMBROW. Quadrille. Quint.   8
          Id.   Id.   2 voix.   5
          Id.   Id.   2 flûtes.   5
          Id.   Id.   2 flageol.   5
          Id.   Id.   2 corn.   5
                                      ___
                                       38

Opéra. Symph.

Ces deux fantaisies sont les meilleures de cet auteur, et ont un succès de vogue.

38   MUSARD. Quadrille suisse, quint.

Id.	Id.	2 violons.	7
Id.	Id.	2 flûtes.	5
Id.	Id.	2 cornets.	5
Id.	Id.	2 flageol.	5
Id.	Id.	Piano.	10

                                    ——
                                    37

39   MASSET. Romance. Piano. Jacquot.   2

Jacquot, romance. Guitare.   1

                                    ——
                                    3

40   LE DUC. Opéra 65, variations. Piano.   9

41   ROSENHAIN. Rondeau, n. 1.   10
         Id.   Id.   n. 2.   12

                                    ——
                                    22

Cet ouvrage, en deux suites, est très estimé des professeurs.

42   BECQUIÉ. Ma Normandie. Violon et piano.   1   19

43   DANCLA. Opéra 5, premier quatuor.   34

44   VOBARON. Opéra 8. Duos. Trombonne et cornet.   11

<table>
<tr><td></td><td></td><td>Opéra.</td><td>Symph.</td></tr>
<tr><td>58</td><td>GOETSCHY. Air Russe. Piano.</td><td>9</td><td></td></tr>
<tr><td></td><td>Id.   Id.   Piano et flûte.</td><td>11</td><td></td></tr>
<tr><td></td><td>Id.   Quadrille à quatre mains.</td><td>11</td><td></td></tr>
<tr><td></td><td>Id.   Bal de la Pension. Quatre mains.</td><td>10</td><td></td></tr>
<tr><td></td><td>Du même. Quadrille. Soirée des Jeunes Gens.</td><td>5</td><td>2</td></tr>
<tr><td></td><td>Du même. Le Perce Neige. Piano.</td><td></td><td>8</td></tr>
<tr><td></td><td>Id.   Id.   Deux cornets.</td><td>3</td><td></td></tr>
<tr><td></td><td>Du même. Bal à la Pension. Piano.</td><td>6</td><td></td></tr>
<tr><td></td><td></td><td>44</td><td>21</td></tr>
<tr><td>59</td><td>DOLHER. Opéra 4. Norma.</td><td>1</td><td>22</td></tr>
<tr><td></td><td>Id.   Opéra 15. Dernière Pensée de Bellini.</td><td>1</td><td>14</td></tr>
<tr><td></td><td>Du même. Opéra 17. Anna Bolena.</td><td>25</td><td></td></tr>
<tr><td></td><td></td><td>23</td><td>36</td></tr>
<tr><td>60</td><td>Le Paria. Mélodie pour voix de basse-taille, par Grast-Gérard.</td><td>5</td><td></td></tr>
<tr><td>61</td><td>PILATI. Opéra 71, n° 1.</td><td>6</td><td></td></tr>
<tr><td></td><td>Id. Id. n° 2.</td><td>8</td><td></td></tr>
<tr><td></td><td>Id. Id. n° 3.</td><td>6</td><td></td></tr>
<tr><td></td><td></td><td>20</td><td></td></tr>
</table>

Musique facile pour le piano.

		Opéra.	Symph.
62	KALKBRENNER. Pensée fugitive.	5	
63	Quadrille. Les quarante Chanteurs et deux autres pour un cornet.		6
	Les mèmes pour un violon.		6
	Id. pour une flûte.		6
	Quadrille. Bords de la Seine, et deux autres pour un violon.	6	
	Les mèmes, pour une flùte.	6	
	Id. pour un cornet.	6	
		18	18
64	DANCLA. 2e Quatuor.		42
65	PAER. Vocalises contr'alto.		104
66	Id. Id. basse-taille.		104
67	VIEUX TEMPS. Air du Pirate.	13	2
68	BRUGUIERE. Ma belle Amie.	2	
	Id. Id. Guit.		1
	DESVIGNES. Le Départ pour la chasse.		3
		2	4
69	SCHLEECHT. Fantaisie Violon-celle.	1	14
70	JANCOURT. Air varié. Basson.	11	
71	MAGNER. Le Petit petit. Quadrille pour piano.	1	8
	Du mème. Baptème de Marie.	11	
	Id. L'Oiseau mouche. Contredanses faciles.	10	
		22	8

<table>
<tr><td></td><td></td><td>Opéra.</td><td>Symph.</td></tr>
<tr><td>72</td><td>LACOUT. Le Bouquet. Quadrille.</td><td>6</td><td></td></tr>
<tr><td></td><td>Id.   Les Rouennaises.</td><td>9</td><td></td></tr>
<tr><td></td><td>DEPAS. Les Vendéennes. Piano.</td><td>5</td><td></td></tr>
<tr><td></td><td>Id.   Id.   Quatre mains.</td><td>10</td><td></td></tr>
<tr><td></td><td>Du même. Les Boutons de Rose. Quatre mains.</td><td>10</td><td></td></tr>
<tr><td>73</td><td>VIEUX TEMPS. Duo. Piano et violon.</td><td>1</td><td>30</td></tr>
<tr><td>74</td><td>WOLFF. Opéra 51.</td><td>14</td><td></td></tr>
<tr><td></td><td>Id.   Opéra 54.</td><td>14</td><td></td></tr>
<tr><td></td><td></td><td>—</td><td></td></tr>
<tr><td></td><td></td><td>28</td><td></td></tr>
<tr><td>75</td><td>DUVERNOY. Fantaisie.</td><td>1</td><td>15</td></tr>
<tr><td></td><td>Id.   6 Caprices. Piano</td><td>1</td><td>13</td></tr>
<tr><td></td><td>Id.   Fantaisie. Piano.</td><td>15</td><td></td></tr>
<tr><td></td><td></td><td>—</td><td>—</td></tr>
<tr><td></td><td></td><td>17</td><td>28</td></tr>
<tr><td>76</td><td>ROGER. Le Maudit.</td><td>12</td><td></td></tr>
<tr><td></td><td>Cette scène est pour voix de basse-taille et a une belle lithographie.</td><td></td><td></td></tr>
<tr><td>77</td><td>HERZ. Opéra 110, quatre mains.</td><td>1</td><td>16</td></tr>
<tr><td></td><td>Id.   Opéra 116. Piano.</td><td>2</td><td>8</td></tr>
<tr><td></td><td></td><td>—</td><td>—</td></tr>
<tr><td></td><td></td><td>3</td><td>24</td></tr>
<tr><td>78</td><td>MUSARD. Oran. Quadrille piano.</td><td></td><td>10</td></tr>
<tr><td>79</td><td>MAZEL. Le Jardin, mélodie. Piano.</td><td>3</td><td></td></tr>
</table>

Opéra. Symph.

80   BONNISSEAU, L'Espérance.
Opéra 20.   9
   Du même. Variations. Piano.   1   10

                                      —   —
                                      10   10

81   LEDUC. Les Italiennes. Quatre
mains.   10
   Du même.   Id.   Piano.   8
     Id.   Brillantes. Piano.   8
     Id.   Id.   Quatre mains.   10
     Id.   Les Quarante Chanteurs. 10
     Id.   Id.   Quatre
mains.   10

   Du même. Bords de la Loire.   8
     Id.   Id.   Qua-
tre mains.   10
                                        —
                                      74

82   Le Fantastique. Quadrille. Piano.   10
   Le Drôlatique.   Id.   Id.   9
   Les Petites Fées.   Id.   Quatre
mains.   10
   Les Petites Fées. Quadrille. Piano.   5   2
   Les Petites Pensionnaires. Quatre
mains.   10
   Les Petites Pensionnaires. Piano.   5   2
                                      —   —
                                      49   4

Opéra. Symph.

83   BEETHOVEN. Une Fièvre brû-
lante.   1   10
84   GAMBOGI. Venezia, nocturne.   4
85   CORNETTE. Valse pour un cornet,
n° 1.   8
Valses,   n° 2.   7
Valses,   n° 3.   7
Id.   Cinquante valses pour
un violon. N. 1, 2 et 3.   27
____
49

86   MUZARD. Quadrille. Cloche
sonn. Piano.   10
Du même. Quadrille. Cloche sonn.
Quatre mains.   11
Du même. Quadrille. Cloche sonn.
Quintetti.   8
____
29

87   WOLFF. Deux divertissemens,
Opéra 69.   n° 1.   10
Id.   Deux divertissem., n° 2.   10
____
20

88   BOLMANN. Les Adieux. Piano.   9
Id.   Adieu à la Poupée.
Quatre mains.   10
____
19

			Opéra.	Symph.
92	Regard de Faust.	Piano.		2
	La Lumière d'Orient.	id.	2	
	Seule avec ta pensée.	id.	2	
	J'ai peur.	id.		2
	Laisse-moi.	id.		3
	Le Frelon.	id.		2
	Belles Fleurs. Piano.	id.		2
	L'Écho de la Limagne.	id.		2
	Lise la Charmante.	id.		2
	Éloigne-toi.	id.		2
	Belles Fleurs.	Guitare.		1
	J'ai peur.	id.		1
	Seule avec ta pensée.	id.		1
			4	20
93	LACOUT. La Petite Paresseuse. Piano.		2	
	Id. Id.	Guitare.	1	1
	THYS. Turlututu. Piano.			2
	Id. Id.	Guitare.		1
			3	4
94	BERTOU. L'Ange du lac. Piano.		2	
	Id. Esclave et Roi.		6	
			8	
95	P. SALESSES. Opéra 4. Bluettes.		1	12

		Opéra.	Symp
96	Tu ne l'as pas voulu. Guitare.	1	
	Souffrir deux. Id.	1	
	T'aimer toujours. Guitare.		1
	Id. Piano.		2
	La Brodeuse. Id.		2
	Belle Bella. Id.		2
	L'Œillet. Id.		2
	Tu ne l'as pas voulu. Id.		2
	Vendetta. Id.		2
	Vengeance. Id.		2
	Gaston. Id.		2
	Adieux à Maroc. Id.		2
	Souffrir deux. Id.		2
		—	—
		2	21
97	SCHILTZ. Opéra 151. Fantaisie. Oberon.	12	2
98	LEDUC. Bords de la Seine. Piano.	8	
	Id. Id. 4 m.	10	
	Id. Refrain des Montagnes. Piano.	8	
	Id. Refrain des Montagnes. quatre mains.	10	
	Du même. Les Egyptiennes. Piano.	8	
	Id. Id. 4 m.	10	
99	LACOUT. Les Mignonnes. Piano.	8	
100	Id. Le Très Facile. Id.	8	

			Opéra.	Symp.
101	Méthode Bugle.		53	
	Id.	Cornet.	61	
	Id.	Basson.	40	
	Id.	Cor.	43	
	Id.	Ophicléide.	46	
	Id.	Clavicor.	30	
102	DREYSCHOCK. Opéra 6.		4	1
	Id.	Opéra 7.	5	
	Id.	Opéra 8.	5	
			14	1
103	ANNA CURTIL. Quadrille. Miroir des Salons.		6	

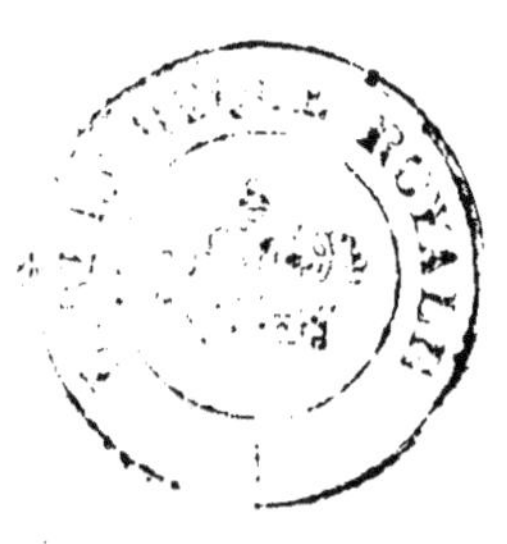

www.ingramcontent.com/pod-product-compliance
Lightning Source LLC
LaVergne TN
LVHW011008180726
843502LV00007B/2402